Bisher in der Reihe *Emotionale Entwicklung für Kinder ab 5* erschienen:

Ich und meine Gefühle
Wohin mit meiner Wut?
Manchmal gibt es einfach Streit
Zum Glück gibt es Geschwister!
Was mach ich nur mit meiner Trauer?
Mein erstes Buch der Gefühle – Von Wut, Streit und Gummibärchen
Was, wenn Eltern auseinandergehen?
Wie ist das mit dem Ärgern?
Vom Kranksein und Gesundbleiben
Ich mache alles mit links!
Wieso hab ich eigentlich Angst?

Bisher in der Reihe *Aufklärung für Kinder ab 5* erschienen:

War ich auch in Mamas Bauch?
Mein erstes Aufklärungsbuch

Bisher in der Reihe *Schutz vor Missbrauch für Kinder ab 5* erschienen:

Mein Körper gehört mir!

Bisher in der Reihe *Emotionale Entwicklung für Grundschulkinder* erschienen:

Kein Stress mit dem Stress!
Wie nutze ich das Internet für die Schule?

FSC
www.fsc.org
MIX
Papier aus verantwortungsvollen Quellen
FSC® C109273

Klimaneutral
Druckprodukt
ClimatePartner.com/18521-2202-1001

ISBN 978-3-7432-1375-3
1. Auflage 2023

Dieses Werk wurde vermittelt durch die
Michael Meller Literary Agency GmbH, München
Umschlag- und Innenillustrationen: Nikolai Renger
Umschlaggestaltung: Ramona Karl
Printed in the EU

www.loewe-verlag.de

Dagmar Geisler

Wie nutze ich das Internet für die Schule?

Illustrationen von Nikolai Renger

Loewe

Inhalt

Beste Freunde 8

Was ist denn mit Till los? 12

Eine ganz heiße Kiste 15

Ein Klick in die Katastrophe 21

Törööö! 24

Oh Mann, wie peinlich! 26

Schönen Dank, Till! 29

Das wollen wir wissen 31

Beratung und Hilfe 43

Nachwort 44

Beste Freunde

Mirja ist unterwegs zu Leon.
Die beiden sind schon sehr lange befreundet.
Mirja weiß gar nicht mehr, wann das angefangen hat.
Im Sandkasten? Vielleicht an dem Tag, als Mirja ihren
Bagger neu hatte und Leon auch damit spielen wollte?
Egal. Auf jeden Fall ist es schön, so einen besten Freund
in der Klasse zu haben.

Mirja mag auch Leons großen Bruder Till.
Der ist nett und immer so lustig.
Hoffentlich ist er heute auch da.
Vielleicht hilft er ihr sogar bei der schwierigen
Matheaufgabe. Die ist echt verzwickt.
Sonst kriegt Mirja alles ganz leicht raus,
aber diesmal nicht.

Leon hat ihr verraten, dass Till neuerdings verliebt ist.
Sie heißt Aylin und geht in seine Klasse.
Mirja kennt sie vom Turnen. Sie kann verstehen,
dass Till in sie verliebt ist.
Aylin kann unheimlich gut turnen, und sie ist außerdem
noch freundlich und hübsch.
Mirja seufzt. Vielleicht ist sie ein bisschen eifersüchtig.
Aber nur ein ganz kleines bisschen.

Jetzt regnet es auch noch.
Mirja fängt an zu rennen. Es ist gar nicht mehr weit, aber als sie bei Leons Haus ankommt, ist sie trotzdem patschnass.

Was ist denn mit Till los?

Es dauert ewig, bis jemand ihr Klingeln hört.
Mirja freut sich. Es ist Till, der ihr die Tür aufmacht. Sie will was sagen, irgendwas übers Wetter oder „Guten Tag“. Aber Till zieht ein Gesicht, als ob er sie gleich ermorden will, und sagt: „Ach, du schon wieder!“

Mirja schnappt nach Luft. Sie kann die Haustür gerade noch festhalten, bevor sie wieder zufällt.

Leon kommt die Treppe herunter. „Was soll das? Mirja kann doch gar nichts dafür!“, sagt er zu seinem Bruder.

Der brüllt: „Lasst mich doch alle in Ruhe!“

Er rennt die Treppe nach oben, schubst Leon zur Seite und knallt dann seine Zimmertür hinter sich zu.

„Was ist denn mit dem los?“, fragt Mirja.
„Das ist eine längere Geschichte“, sagt Leon.
„Willst du einen Kakao? Und vielleicht ein Handtuch zum Abtrocknen?“, fragt er.
Mirja bekommt beides, dazu noch ein Stück Apfelkuchen.
Und dann erzählt Leon.

Eine ganz heiße Kiste

„Es ist nämlich so, dass Till und sein Freund Ali bei *Jugend forscht* mitmachen. Du weißt ja, die beiden bauen schon immer diese tollen Seifenkisten. Und jetzt haben sie sich ein Lastenfahrrad ausgedacht. Eins, das man zusammenfalten kann. Das Ding ist auch noch leicht und sieht witzig aus."

„Ist doch cool!“, sagt Mirja.
„Allerdings! Die beiden haben sich echt Mühe gegeben. Sie haben das Fahrrad von allen Seiten gefilmt und gezeigt, wie man es zusammenlegt. Gestern wollten sie es in einer großen Videokonferenz vorstellen. Da haben Leute aus ganz Deutschland mitgemacht“, erzählt Leon.

„Eigentlich wollten sie den Computer bei Ali zu Hause benutzen. Aber Ali ist total heiser und außerdem ansteckend. Deshalb sollte Till das allein von hier aus machen. Um halb drei waren sie dran und um zwei wollte Till unseren Laptop einschalten. Aber dann ist ihm eingefallen, dass er den Stick mit den Videos noch in seiner Jacke hatte. Also ist er runter zur Garderobe gerannt und dann wieder hoch. Ich glaube, er war da schon ziemlich nervös."
„Wäre ich auch gewesen", sagt Mirja.

„Dann will er den Laptop aus Mamas Arbeitszimmer holen, aber da ist er nicht. Mamaaa!, brüllt Till. Aber Mama ist nicht da und der Computer auch nicht. Mamaaa!, brüllt er wieder und da kommt sie aus dem Garten rein. Ich brauche den Laptop für die Präsentation! Er brüllt immer lauter. ‚Aber ich dachte, das macht ihr bei Ali', sagt Mama. Till stimmt ein Wolfsgeheul an. ‚Ist schon gut', meint Mama. ‚Ich hole ihn. Bei dem schönen Wetter wollte ich im Garten …' Lauf!, schreit Till. ‚Nicht in dem Ton', würde Mama jetzt normalerweise sagen. Aber zum Glück schluckt sie es runter.

Till schnappt
sich den Laptop
und schaltet
ihn an.

Hektisch tippt er
das Passwort für sein
E-Mailkonto ein. Dreimal
vertippt er sich, aber er
muss da ran.
Der Link, den er
anklicken muss,
um überhaupt
in die Konferenz
reinzukommen,
ist nämlich in
einer Mail.

Gerade als sich die Seite öffnet,
geht dem Laptop der Saft aus.

‚Oh', sagt Mama.
‚Ja, da kam eben schon dauernd die Meldung,
dass der Akku bald leer ist, aber ich dachte …'
Waaaah!, kreischt Till. ‚Wo ist das Ladekabel?'
‚Äääh!', macht Mama. Sie schaut wild hin und her.
‚Gerade war es doch noch …'
‚Wo?' Tills Stimme ist nur
noch ein Krächzen."

Ein Klick in die Katastrophe

„Ich finde das Ladekabel, Mama stellt den Laptop auf meinen Schreibtisch. Da ist deutlich mehr Platz als auf Tills. Dann steckt er den Stick mit den Videos ein. Es ist kurz nach halb drei, als er sich in die Konferenz einwählt.

Dort muss er sich erst mal zurechtfinden. Kamera einschalten, Mikro einschalten und so.

Hatte ich schon gesagt, dass man das Ganze live im Internet verfolgen konnte?“ Leon kichert.

„Da konnte jeder sehen, wie mein Bruder endlich ins Bild kam. Nein, erst mal kam Kater Freddy, der unbedingt auch vor die Kamera wollte. Und dann Till, rot wie eine Tomate und komplett zerzaust.

Aber es ging ja nicht um Tills Schönheit, es ging um das coolste Fahrrad der Welt. Und das wollte er als Erstes mit den Videos vorstellen. Aber die hatten sie nur bei Ali getestet. Und auf Mamas Laptop liefen die Dinger nicht! Till hat fast einen Kollaps gekriegt. Die Augen sind ihm schon fast aus dem Kopf gequollen. Er sah aus wie ein Zombie. Aber die Leute waren immer noch nett. Ein Mädchen hat ihm erklärt, dass er ein Programm runterladen muss, damit alles läuft. Sie haben dann erst mal eine andere Gruppe vorgezogen und gesagt, er wäre einfach danach dran."

Töröö ö!

Puh!, macht Mirja erleichtert. „Das ist ja gerade noch mal gut gegangen.“
„Denkst du“, sagt Leon. „Das Schlimmste kommt erst noch! Rate mal, was für ein Projekt die nächste Gruppe vorgestellt hat!“
Mirja schluckt. „Ein Lastfahrrad?“, fragt sie ungläubig.

„Ganz genau. Das war zwar nicht annähernd so cool wie das von Till und Ali. Aber jede Wette, die Leute haben bei seiner Vorstellung nur noch gegähnt. Ali ist stinksauer und will jetzt nicht mehr Tills Freund sein. Und ich weiß nicht, was Ali mehr aufgeregt hat: dass Till es vergeigt hat oder dass hinter seinem Kopf die ganze Zeit mein Benjamin-Blümchen-Plakat zu sehen war. Total uncool.“
Törööö!, macht Mirja.

Oh Mann, wie peinlich!

„Im Netz gab es dazu jede Menge Kommentare. Die Leute haben sich kaputtgelacht. Till war nicht zu bremsen und hat ein paar ziemlich fiese Antworten rausgehauen. Am schlimmsten hat es eine *flikflak13* erwischt. Dabei wollte die nur nett sein und ihn trösten. Er hat sie mit Wörtern beleidigt, die ich noch nie irgendwo gelesen habe. Fürchterlich!“ Leon schüttelt sich.

„Boah, zum Glück haben sie nicht ihre richtigen Namen benutzt“, sagt Mirja.
„Na ja“, sagt Leon. „*Flikflak13* hat schon gewusst, dass Till *Seifenkiste22* ist.“
„Ach so. Ja, klar“, sagt Mirja.
„Und eben, kurz bevor du gekommen bist, hat Till erfahren, wer sich hinter *flikflak13* versteckt. Es ist Aylin“, fährt Leon fort.

„Till ist völlig fertig. Am Tag danach hat er auch noch eine Mathearbeit in den Sand gesetzt.“ Leon schnaubt. „Voll die Katastrophe, echt!“
Mirja kann sich gar nicht vorstellen, dass so viel Ärger irgendwann wieder gut werden kann.

Schönen Dank, Till!

Am Samstag ist Mirja bei Leon im Garten.
Till ist auch da und immer noch total mies drauf.
Auf einmal taucht Ali auf und brüllt über den Zaun.
Eine Firma wolle ihre Erfindung nachbauen und Ali
und Till am Gewinn beteiligen.
Als Till nicht gleich jubelt, sagt Ali: „Guck nicht so.
Ich hätte mich auch so wieder mit dir versöhnt,
alter Schnarchzapfen."
Und da grinst Till zum ersten Mal wieder.
Ein bisschen schief. Aber immerhin.

Leons Mama meint, das müsse gleich gefeiert werden. Mirja fragt, ob sie noch eine Freundin einladen darf und zwinkert Leon zu.

Am Abend sind die Lampions an,
und es duftet herrlich nach Grill.
Da steht auf einmal Aylin am Zaun.
Till verschluckt sich an seinem Maiskolben.
„Reg dich ab, Seifenkiste“, sagt sie. „Mirja hat mir den ganzen Schlamassel erklärt. Dieses Mal verzeih ich dir. Aber nur dieses einzige Mal. Verstanden?“
„Alles klar, Flikflak“, sagt Till.

Das wollen wir wissen

Am Montag in der Schule sagt Frau Schwarz, dass sie bald auch mal so eine Videokonferenz machen wollen.

„Och, nee“, sagt Leon in der Pause. „Wir wissen doch, was da alles schiefgehen kann.“

„Umso besser!“, meint Mirja. „Dann können wir ja vorbeugen.“ Sie nimmt einen Block und einen Stift und schreibt darauf:

Ohne Stress ins Internet:
Das müssen wir dafür tun

Mindestens einen Tag vorher:

- Ich sage allen in der Familie Bescheid, wann ich ein Gerät brauche. Das ist ganz wichtig, wenn es von mehreren benutzt wird. Wir machen aus, dass es spätestens eine Stunde vorher für mich frei ist.
- Ich schaue mir das Programm, mit dem wir uns treffen werden, schon einmal an. Vielleicht brauche ich jemanden, der mir alles erklärt.
- Wir verabreden, wo das Gerät und das Ladekabel dann sein sollen.
- Brauche ich auch noch etwas anderes? Mikro, Headset oder Ohrhörer zum Beispiel.
- Ich frage, ob sich jemand während der Videokonferenz ums Haustier kümmert.

- Ich checke schon mal die Kamera.
- Was ist alles im Bild zu sehen, wenn ich gefilmt werde?
- Ist es besser, einen anderen Platz zu suchen?
- Oder muss ich noch ein bisschen umräumen?
- Stimmt die Beleuchtung?
- Gibt es Nebengeräusche, die ich abstellen kann?

- Ist alles, was ich vielleicht zeigen will, gut vorbereitet?
- Muss ich noch was tun?
- Verwende ich Musik, Bilder oder Videos, die ich auch zeigen darf?
- Wenn ich mit Smartphone oder Tablet arbeite, brauche ich vielleicht einen Halter dafür. Falls keiner da ist, kann ich ganz leicht einen basteln. Hauptsache, die Hände sind frei.
- Ich könnte mit den anderen Teilnehmern Handy- oder Festnetznummern austauschen. Dann sind wir erreichbar, falls mit der anderen Verbindung etwas schiefgeht.

Am selben Tag:

- Spätestens jetzt räume ich den Tisch auf, an dem ich sitzen will. Nur das, was ich brauche, ist griffbereit.
- Der Stuhl, auf dem ich sitze, sollte nicht wacklig sein.

Bis eine Stunde vorher:

- Bin ich bereit?
- Muss ich noch was essen oder trinken?
- Oder aufs Klo?
- Falls ich ein Handy bei mir habe, stelle ich den Klingelton lautlos.
- Ich checke noch mal, ob mit der Technik alles passt.

Eine halbe Stunde vorher:

- Sind Katzen und Hunde außer Reichweite?
- Und der Papagei?
- Wissen die anderen, dass sie jetzt nicht reinquatschen oder durchs Bild laufen sollen?
- Muss ich vielleicht doch noch mal aufs Klo?
- Ist alles da, was ich brauche?

kurz vorher:

- Ich wähle mich in das Programm ein.
- Ich warte, bis die Moderatoren mich reinlassen.

Es geht los:

- Wir warten, bis alle sichtbar sind.
- Wir begrüßen uns und kommen erst mal an.
- Wir verabreden, wie wir uns melden, wenn wir etwas sagen wollen.

- Wir reden erst, wenn die Moderatorin oder der Moderator uns drannimmt.
- Wir verabreden, wie lange wir zusammenbleiben wollen und wann wir vielleicht eine Pause machen.
- Wenn einer spricht, höre ich zu. Ich quatsche nicht dazwischen.

- Mein eigenes Mikro schalte ich währenddessen aus.
- Wenn ich dran bin, schalte ich es ein.
- Ich rede deutlich. Das ist online noch wichtiger.
- Ich stehe nicht auf und laufe herum. Dafür gibt es ja eine Pause.
- Wir machen uns gegenseitig darauf aufmerksam, wenn was nicht stimmt. Zum Beispiel, wenn beim Reden das Mikro noch aus ist.
- Wir sind freundlich miteinander und motzen nicht, wenn jemand einen Fehler macht.
- Zum Schluss verabschieden wir uns ordentlich.
- Erst dann schalte ich das Programm aus.

Und überhaupt:

Im Internet gehen wir genauso gut miteinander um, als wenn wir uns „in echt" treffen würden. Wir sind sogar noch ein bisschen freundlicher. Im Chat kann man sich nämlich leicht falsch verstehen und schon ist der Ärger da.

Das gilt auch, wenn jemand nicht unter seinem richtigen Namen schreibt. Da steckt immer ein echter Mensch dahinter! Es sei denn, es ist ein Troll. Aber das ist eine andere Geschichte.

Um sicher unterwegs zu sein, schreiben wir uns nur mit Leuten, von denen wir wissen, wer sie in Wirklichkeit sind.

Der Erste, der lesen darf, was Mirja und Leon aufgeschrieben haben, ist Till.
„Oh Mann“, sagt er. „Das ist echt cool. Hättet ihr das nicht ein bisschen früher machen können?“

Beratung und Hilfe

Chaos macht Schule
Eine Initiative des Chaoscomputerclubs,
um die Medienkompetenz von Schulkindern zu erhöhen
https://www.ccc.de/schule

Nummer gegen Kummer e.V.
Kinder- und Jugendtelefon: 116 111
E-Mail: *info@nummergegenkummer.de*
https://www.nummergegenkummer.de

Österreich

Rat auf Draht
Kinder- und Jugendtelefon: 147
https://www.rataufdraht.at

Schweiz

Pro Juventute
Kindernotruf: 147
E-Mail: *beratung@147.ch*
https://www.147.ch

Nachwort

Spätestens seit das Coronavirus unsere Kontaktmöglichkeiten eingeschränkt hatte, ist uns klar geworden, dass es Zeiten gibt, in denen wir froh sind, uns wenigstens online treffen zu können.
Wenn wir das tun, haben wir es mit den Tücken der Technik zu tun und müssen uns anders vorbereiten, als wenn wir uns direkt gegenübersitzen.
Das ist manchmal gar nicht so leicht, und es kann einiges schiefgehen, wie wir am Beispiel von Leons großem Bruder Till sehen.
Damit wir so ein virtuelles Treffen entspannt genießen können, ist es gut, eine Checkliste zu haben. Sonst kann es passieren, dass wir den ein oder anderen Punkt doch noch übersehen.
In meiner Geschichte haben Mirja, Leon und Till diese Aufgabe übernommen und eine sehr brauchbare Liste zusammengestellt. Wenn ich mal wieder ein Online-Meeting habe, werde ich sie auf jeden Fall nutzen.
Was auch noch vorkommt, ist eine Verwirrung durch Nicknames, wie sie bei Till und Aylin entstanden ist. Solche werden im Internet ja gern benutzt, und oft weiß man nicht, wer sich dahinter verbirgt.
Das kann unangenehm oder aber auch gefährlich sein. Je nachdem. Es ist jedenfalls ein Thema, mit dem ich mich in einer weiteren Geschichte auseinandersetzen werde.

Dagmar Geisler

Dagmar Geisler hat schon mehrere Elterngenerationen dabei unterstützt, ihre Kinder in emotional schwierigen Situationen zu begleiten. Mit ihrer Reihe „Emotionale Entwicklung für Grundschulkinder" behandelt die Autorin sensibel die wichtigsten Themen rund ums Großwerden: vom Körperbewusstsein über die Erkundung der eigenen Gefühlswelt bis hin zur sozialen Interaktion. Zu ihren Arbeiten gehört auch immer eine Portion Humor. Auch wenn es ernst wird – und dann erst recht.

Ihre Bücher wurden in 20 Sprachen übersetzt und erscheinen unter anderem auch in den USA.

Nikolai Renger wurde in Karlsruhe geboren und studierte Visuelle Kommunikation an der HFG in Pforzheim. Er ist als freiberuflicher Illustrator für verschiedene Verlage und Agenturen tätig und arbeitet seit 2013 im Atelier Remise in Karlsruhe.